Plantas de otoño

Julie Murray

Abdo Kids Junior es una
subdivisión de Abdo Kids
abdobooks.com

LAS ESTACIONES: ¡LLEGA EL OTOÑO!

abdobooks.com

Published by Abdo Kids, a division of ABDO, P.O. Box 398166, Minneapolis, Minnesota 55439.
Copyright © 2024 by Abdo Consulting Group, Inc. International copyrights reserved in all countries.
No part of this book may be reproduced in any form without written permission from the publisher.
Abdo Kids Junior™ is a trademark and logo of Abdo Kids.

Printed in the United States of America, North Mankato, Minnesota.
052023
092023

Spanish Translator: Maria Puchol

Photo Credits: iStock, Shutterstock

Production Contributors: Teddy Borth, Jennie Forsberg, Grace Hansen

Design Contributors: Candice Keimig, Pakou Moua, Dorothy Toth

Library of Congress Control Number: 2022950875

Publisher's Cataloging-in-Publication Data

Names: Murray, Julie, author.

Title: Plantas de otoño/ by Julie Murray

Other title: Fall plants. Spanish

Description: Minneapolis, Minnesota: Abdo Kids, 2024. | Series: Las estaciones: ¡Llega el otoño! | Includes online resources and index

Identifiers: ISBN 9781098267551 (lib.bdg.) | ISBN 9781098268114 (ebook)

Subjects: LCSH: Autumn--Juvenile literature. | Fall foliage--Juvenile literature. | Plants--Juvenile literature. | Seasons--Juvenile literature. | Spanish Language Materials--Juvenile literature.

Classification: DDC 525.5--dc23

Contenido

Plantas de otoño 4

Más plantas
de otoño 22

Glosario 23

Índice 24

Código Abdo Kids . . .24

Plantas de otoño

Hay muchas plantas de otoño diferentes.

Las zanahorias están listas.

Andy las desentierra.

Meg planta **pensamientos**.

Duran todo el otoño.

Mae recoge manzanas.

Ella llena la canasta.

Zane encuentra una hoja de arce. Se está volviendo roja.

Liam planta **crisantemos**.

Los crisantemos pueden ser de muchos colores.

15

Elsa está de caminata.

Ella encuentra un hongo.

Eva observa unos álamos.

Las hojas son amarillas.

Abe está en un huerto de calabazas. ¡Ha elegido una gigante!

Más plantas de otoño

el abedul

las aronias

la col verde

el sumac

Glosario

crisantemo
planta que se cultiva por sus flores otoñales.

pensamiento
flor de jardín con pétalos planos y redondos que parecen terciopelo. Los pensamientos pueden ser de muchos colores.

Índice

álamo 18

calabaza 20

colores 12, 14, 18

crisantemo 14

hoja de arce 12

hongo 16

manzana 10

pensamientos 8

zanahoria 6

¡Visita nuestra página **abdokids.com** y usa este código para tener acceso a juegos, manualidades, videos y mucho más!

Los recursos de internet están en inglés.

Usa este código Abdo Kids

SFK2187

¡o escanea este código QR!